EL LIBRO PERDIDO DE JORGE

ALFREDO PÉREZ MUÑOZ

Editorial Dos Islas

El libro perdido de Jorge

Alfredo Pérez Muñoz

A Alejandro Quesada Vázquez, que le gustó el libro

Versos para ver el Apocalipsis frío

Aun cuando este poemario se vale de mínimos recursos, rehuyendo acrobacias verbales al punto que pareciera aborrecer la dependencia de la palabra, el efecto final de tanta fluidez es una turbulencia, una casa de espejos donde narración y lírica se confunden, se funden ego y alter ego, y canción y cantor se entremezclan con la postrera sustancia, ese reposo en el silencio.

Esa mudez de las hormigas, al final del último poema, como única manera de alcanzar la realidad. De ahí la estruendosa ausencia del fondo histórico que no se menciona y aun así define el desolado paisaje de la utopía, su maldita realidad por todas partes, que más que circunstancia deviene naturaleza.

El poemario "cuenta" la historia de un poeta que no se siente contemporáneo de la Historia que arrastra a sus semejantes. Y sin embargo no consigue el poeta escapar de la distopía. A través del cansancio que atraviesa este "manuscrito encontrado", vemos el valle lunar de un aquí y un ahora cubiertos por una bóveda destripada de toda divinidad.

Es como si nadie recordara siquiera cuándo pasó la Bestia por este bucle donde se extraviaron los jinetes apocalípticos. Ahora, los sonámbulos han perdido noción del movimiento y flotan. Digamos que se trata de una gélida Revelación, la imagen congelada para siempre de un Apocalipsis del aburrimiento. La secuencia confusa de un agonizante que no tiene fuerzas para recordar porque recordar es detenerse y él está condenado a no dejar de andar nunca. Ha superado la vida y ahora navega sin esfuerzo, incluso alimentándose de los vientos contrarios.

Porque lo importante no es vivir, ni escribir sobre la vida, ni decir lo que pudiera decirse, sino navegar sin sino. Estar aquí y en todas partes, sin localización ni puntualidad, y hasta sin sombra —para aligerar. No es que la vida sea movimiento y detenerse signifique morir. Es que nuestra misión no es el verso, sino ver, que es moverse.

Si nos paramos a ser Jorge o Alfredo, podremos ser vistos por un observador, pero nosotros mismos no veremos, y no alcanzaremos la reveladora melancolía del que está condenado a la errancia y descubre que la rauda luz ni siquiera se detiene a ser onda o partícula, pero cuando llega siempre la oscuridad ya la está esperando. No, mejor ser un mercurio inatrapable. El gato encerrado que no está ni vivo ni muerto, sino todo lo contrario.

Ligerísimo de equipaje, el nómada arroja su colilla humeante, hunde las manos en los bolsillos rotos y sigue de largo bajo el sigiloso hormiguero de las estrellas, dejándonos la historia de un poeta sin poética, o acaso el final de la historia del poeta sin Historia. Toda una pequeña crónica del fin. Pero el poeta sigue caminando. Navegar no es un plan ni un destino, es solo navegar el desierto infinito.

No hay lamento, no hay dolor, ni reproches; no hay ensueños, ni conversaciones, ni divagaciones, ni contrapunto. Sobre todo, no hay símbolos aquí, pues no ha comunión. Ya nadie recuerda el último espejismo sobre las dunas, pero se oyen voces a lo lejos, acaso una tonada. Se perdieron las palabras, pero si queda la música se salva la canción, que entonces, en el silencio, cobra todo su sentido. Porque solo el silencio puede entibiar un poco los fríos escombros, y solo la mudez es el perfecto testigo.

Y en el caos de los desdoblamientos y las duplicaciones, la afirmación de que "escribir no es tan importante, lo importante es ver", significa que esto es lo que vio el poeta. No obstante, si vale más lo que vio que lo que escribió, entonces ¿qué vio sino lo que escribió? En fin, un juego de espejos, un laberinto en bucle que tal vez quiere llevarnos a que lo importante es lo que vemos nosotros en los versos de ver que dejó una sombra.

Pero lo primero que vemos es que ya cerró el "teatro de los acontecimientos" y no queda ni rastro del espectáculo: nunca nada que contar y nadie de quien hablar nunca: el balbuceo residual. La única prisa aquí es por pasar más allá de la escritura —nótese que el poeta, más que escribir, habla—, atravesándolo todo hacia la máxima transparencia y la levedad más desnuda.

Y sí: al final se asimilan las disimilitudes, narración y lírica se confunden y se funden ego y alter ego, pero, sobre todo, al final se hacen una misma sustancia el horror y la esperanza. El silencio de las hormigas es una explosión interminable, un estruendo espantoso de pequeños roces. Ni silencio. Ni reposo. Lo importante es ver el vértigo.

Ernesto Santana

A Jorge lo conocí de oídas a través de un amigo escritor. Es, sin embargo, un desconocido, pudiéramos decir, un no poeta en el sentido convencional del término. Hace poco tiempo al fin pude verlo y hablar con él; es un hombre canoso, de mediana estatura y de unos 45 años bien llevados, sus apellidos son Rodríguez Álvarez. Al principio supe por ese amigo que es una especie de trashumante, va de ciudad en ciudad y de pueblo en pueblo, trabaja en lo que puede, por un tiempo, conoce gente y luego se va a otro sitio. Es, sin embargo, un hombre con cierta educación. Me dijo que estudió hasta el preuniversitario. Al parecer, algo se torció después en su vida y por eso vive en la calle; pero sobre eso no le pregunté. No se considera poeta; cuando se lo dicen se ríe. No sabe por qué escribe, solo escribe; en viejas libretas que luego muchas veces pierde. Mi amigo le ha hecho prometer que se las dé para poder circular sus cosas en internet; a Jorge le da lo mismo. Una vez le dijo a mi amigo: lo bueno es escribirlos, luego ya no importa mucho; solo me interesa lo que no he escrito todavía, lo que no he visto todavía. Unas cosas se ven allá afuera y otras acá dentro; escribir no es tan importante, lo importante es ver.

Hace tiempo, en sus visitas periódicas a la Habana, Jorge conoció a un español al que le gustaron sus cosas y prometió publicarle un libro con varias libretas llenas hasta ese momento; trabajaba en una editorial y era escritor. Jorge le dijo: si hay dinero, mejor; si no lo hay, está bien; solo quiero un ejemplar del libro. Dos años después, revisando en una librería en una Feria Internacional, se encontró su libro publicado bajo el nombre del español. Jorge primero se encabronó, pero luego vio todo claro: que tipo más comemierda, esos nunca serán sus poemas, esos poemas son míos, y con eso basta. Y como no tenía los CUC para comprarlo, lo dejó allí y siguió su camino. Jorge aún camina, aún escribe y, sobre todo, sigue viendo cosas de las que posiblemente escribirá luego. El título de este libro me lo dio mi amigo escritor y es justo mencionar su nombre, el poeta Hugo Fabel Zamora. Este libro está firmado con mi nombre porque a Jorge no le interesa publicar. Son, sin embargo, sus poemas. El dinero, si llega a publicarse, esta vez sí será suyo.

CONTENIDO.

Yo ni si quiera soy poeta: veo.

Fernando Pessoa

BAJO EL PUENTE

tengo mi casa

por un día o dos.

Con el dinero del último trabajo puedo vivir

un tiempo.

Las pertenencias necesarias.

Miro el río y todo lo que pasa.

Hay un mundo allí.

Aquí es el mismo mundo

uno dentro de otro, sin fin.

Cuando me vaya,

cuando desaparezca en la noche

que todo lo borra,

¿estaré en algún sitio?

En la carretera

Sentado en un bloque miro la distancia.

Estoy allí aunque no he llegado.

No estaré aquí en un rato.

Unas hormigas transportan algo,

ellas también conocen las distancias,

aunque distancias cortas.

Cada quién tiene lugares a donde ir.

CUATRO RUEDAS

Debajo y encima el ruido,

el polvo,

los árboles que pasan rápido.

La gente se aburre.

Yo voy a algún sitio, ahí delante.

Es todo lo que importa.

Llueve como si alguien sacara

cubos de agua de una piscina.

Aquí estoy muy bien.

Ya trabajé toda la mañana

y parte de la tarde.

He comido.

Tengo café.

Puedo fumar.

Es ya de noche.

Tengo la eternidad en un ratico.

VOCES, YO SIENTO VOCES A LO LEJOS

o quizás aquí muy cerca.

Cuando es tarde y todos duermen se puede escuchar.

No importa lo que digan las voces

si es que dicen algo.

Vienen de algún lugar

o van a otro sitio.

¿Esas voces, transportarán semillas, como los pájaros?

Aquella mujer me mira

No creo que quiera acostarse conmigo.

Sin embargo, no ha dejado de mirarme.

Quizás le recuerde a alguien.

Cada quien sabe lo suyo.

Yo dormiría muy bien a su lado,

a su calor, luego me iría.

Solo importa lo que hay delante.

Ya sean unos muslos

o el día siguiente.

BAJO EL ALERO

La gente cree que estoy loco

porque los miro.

Ellos buscan algo

siempre están buscando algo.

Se asustan cuando ven a alguien que no busca

nada.

O sí.

Las cosas que yo encuentro

son solo para mí

aunque estén disponibles para todos.

NIEBLA EN EL CAMPO

Es como ir caminando por las nubes

allá arriba.

Después estás todo mojado.

Pero te puedes reír, mucho.

Y quedas limpio.

Solo hay que cambiarse la ropa.

El cielo es extenso
bajo la misma voz,
una voz que no se escucha hablar.
Puede ser la mía mientras pienso.
O la otra,
la que tenemos necesidad de imaginar,
la que podría ordenarlo todo.

AYER ALGUIEN

gritaba

allá arriba

en el último apartamento del edificio.

No sé si habría alguien con ella.

No quise mirar

supe que iba a saltar por la ventana.

Entonces me fui.

CON EL NIÑO

hablé un rato

El niño me dijo que debajo de la tierra hay muchas hormigas.

Que las hormigas siempre saben lo que hacen.

Que nosotros somos más bien como las hormigas locas.

El niño me dijo que estaban excavando,

que lo que está ahora arriba irá abajo

y lo que está abajo va entonces arriba.

Un mundo de hormigas, le dije yo.

Un mundo quizás con un poco de sentido, pensé.

La excavadora

parece un animal de antes del Diluvio,

parece que está vivo.

Pero eso lo sabes

si el operario te deja ir con él en la cabina

por un rato.

La nube

Hace tres días que no como nada,

nada sólido.

Empiezo a ver cómo la gente

va atravesando el muro de la Terminal de trenes.

Como los sonidos que vienen de allá adentro

luego saltan por ahí, como los gatos.

Una señora me dio comida.

Le regalé una flor de papel

que hice con unas envolturas de caramelo.

A ella le gustó mucho.

Ahora estoy lleno.

Pero ya no puedo ver nada.

ME ENCONTRÉ

un libro en la calle

donde hay muchos poemas.

Poemas raros.

Cosas que parece que solo ocurren en el sueño.

Sin embargo, también se ve algo que sale de allí

que no es parte del sueño.

¿O es al revés?

Los poetas son tipos muy raros,

muy locos,

pero me cuadran.

La ceremonia

El negrón trajo una cazuela llena de culebras

y me dijo: si tú crees, mete la mano.

Le dije: yo no creo; pero igual, metí la mano.

El negrón se quedó piano.

Me había dado albergue por tres días

y yo lo ayudaba con sus cosas,

allí va mucha gente a consultarse.

El negrón en el fondo

es un tipo bueno.

Me dijo, puedes quedarte.

Yo le dije, solo tres días más.

EL HORIZONTE siempre está cerca.

Los tipos que saben, sobre todo los poetas,

dicen lo contrario.

Yo solo sé que está cerca

aunque no lo parezca.

LA CIUDAD es una especie de laberinto,

un sitio para perderse o encontrar algo.

Encuentras algo, entonces es el momento de perderlo.

Para volver a encontrar.

Eʟ ᴠᴀꜱᴏ

En mi bolso tengo un vaso de cristal

entre otras cosas.

Que lo mismo me sirve para tomar agua

que ron, cuando se puede.

Hay momentos en que el agua parece ron.

Hay momentos en que el ron parece agua,

el agua de un pozo.

AYER, RECOSTADO en la pared de una casa
escuché un piano.
Alguien tocaba por la tarde,
alguien que toca para nadie.
No me paré. No dije nada.
Es como lo que escribo.
Escribo para nadie.
Escribo para que alguien se siente en mi
poema
por un rato.

Bar La Antártida

Anoche dormí con una mujer,

la encontré fuera del bar, tarde en la noche.

Me llevó a su casa.

Era tan pobre como yo.

Pero tenía una casa,

un cuarto y una cocina pequeña

donde calentamos una sopa

que comimos con el pan que traje.

Fui feliz,

ella también.

Al irme, no dijimos nada.

Es mejor así.

CON UNOS ALAMBRES hago una escultura.

Me imagino haciendo muchas figuras de alambre

y exponiéndolas en la acera, aquí mismo.

Podría haber un crítico que lea unas palabras,

luego compararían toda la exposición.

Yo, con traje y corbata de alambre

en un restorán, también de alambre.

La comida

pedacitos de pan con leche condensada,

luego un cigarro.

Estaría satisfecho como artista.

La palabra FIN solo es linda en las películas.

Ayer vi un perro que arrollaron.

Todavía parecía sonreír.

Quizás pudo ver escrita la palabra FIN un momento antes.

un vaso

un bolígrafo

un plato

una cuchara

una caja de fósforos

un espejito para mirar la eternidad.

CON CADA ALIENTO me despierto

o sigo dormido, como todos.

Todos dormimos aunque creamos que estamos

despiertos.

No importa que vaya de un lugar a otro.

No importa demasiado que lo escriba.

Que, como aquel extraño poeta japonés, ponga

lo mío en papeles

 y después los bote o los pierda.

No importa mucho morirse.

Lo que importa de verdad es poder salir de este

sueño

en el que creemos que estamos despiertos.

CUANDO TENGO UN POCO DE DINERO me
gusta comprar libros
libros viejos,
esos libros que otros han leído
que tienen páginas dobladas y manchas de café
en alguna esquina,
algunos hasta anotaciones en los bordes de las
páginas
o números de teléfonos a los que nunca llamaré.
Esos libros que otros han leído los puedo regalar.
Yo solo tengo un bolso con lo necesario.
Si nadie los quiere, los dejo en alguna esquina
por donde pasa mucha gente,
quizás a alguien le interesen.
O los utilicen para hacer cucuruchos de maní.
Un destino extraño para la literatura.

ME GUSTA EL CAMPO algunas veces

cuando consigo trabajo por algunas semanas.

Tanto verde y tanto silencio silencioso en el verde

y después, quizás, la lluvia.

Es como despertarse al fin. O como estar dormido para siempre.

AYER COMPRÉ un periódico,

hace mucho tiempo no leo las noticias.

Una pérdida de tiempo.

Dicen lo mismo que hace diez años.

Lo bueno es que tengo papel para envolver.

En la iglesia estoy muy bien,

nadie te molesta.

Todo parece que se derrite

como las velas en los altares.

Es un sitio para estar en el silencio.

Olvidado de todo.

Olvidado de mí.

AYER ENTRÉ a un cine

como estaba cansado me dormí enseguida.

Y vi una película en mis sueños

a todo color

con actores conocidos

amigos

y algunos familiares

muertos hace años.

Yo también aparecí cuando tenía como tres años

en aquel parque que ya no recordaba,

también apareció aquel caballo que quise tanto.

Al despertar me fui.

Pagué un peso por mis sueños.

ME ENCONTRÉ un pedazo de lápiz de dos colores

rojo y azul, como cuando era un niño.

Y acordándome del niño que fui

empecé a dibujar como si fuera un niño.

Bolitas, rayas, un árbol y una casa frente al mar.

Y una figura en una loma que miraba hacia abajo

al lugar donde yo estaba dibujando.

La figura seguía mirándome desde arriba

mientras yo la dibujaba.

Guardé ese dibujo extraño.

Es una de las pocas cosas que conservo.

Voy cruzando el campo en la media tarde.

Esto está vivo y sin embargo no podemos

comprenderlo en su totalidad.

Solo tenemos un tiempo para estar.

Un tiempo para hacernos las preguntas.

COSAS

La ropa muy usada es fea, pero muy cómoda.

En el fondo del tanque hay una mancha de

aceite,

es lo que me interesa.

Me gustan los muebles viejos y despintados

en los que se ha sentado mucha gente.

En un muro la pintura que secó mal hace años y

se ve un paisaje.

En los derrumbes hay muchos espacios vacíos

que sin embargo están llenos.

No sé ni me importa mucho lo que pasará

mañana.

Estoy aquí.

ME FUI CON UNOS PESCADORES por unos días.

No tenía nada mejor que hacer

y necesitaba el dinero.

Con el dinero compro tiempo.

Tiempo para vagar a mi gusto

en la ciudad y entre la gente.

O para sentarme con mis amigos

los vagabundos

y tomarnos una botella de vino.

Los paisajes

Ayer miraba por la ventana

de una casa deshabitada

y comencé a imaginarme la cantidad de gente

que miró por ese espacio,

ahora solo un marco

sin cristales o persianas.

Ninguno de ellos imaginó

que muchos años después habría alguien parado

aquí

viendo el mismo paisaje

o casi.

Mientras escribo esto

una hormiga sube por la madera.

¿Habrá alguien en la luna?

Hay una mancha que me recuerda a un hombre parado allí.

Quizás se sienta solo, rodeado por el polvo y los meteoritos.

Quizás tenga todo el tiempo para pensar.

Un hombre sobre una piedra que viaja en el espacio.

AHORA QUE ES MUY TARDE y tengo sueño

encontré un callejón con unos cartones.

Se ven los postes y las luces encima

y hay mucho silencio

algunas veces se escucha cantar a los gallos

un poco lejos.

En la luz aparecen unas manchas que se van

alejando,

las luces están cada vez más lejos

y yo duermo.

Soy igual a las piedras o los gatos,

siempre hay un lugar para mí en cualquier sitio.

EN LAS AFUERAS, casi en el campo

encontré una cerca con cáscaras de huevos,

parecían cabezas, todas mirando en mi

dirección.

Pasé dos, tres veces, y siempre parecían mirarme

aunque no tenían rostro.

Recordé que en mi mochila siempre llevo un

bolígrafo

y algunos lápices de colores.

Como disponía de tiempo

empecé a dibujar las caras que imaginaba

estaban mirándome.

Al final cada huevo tenía un rostro distinto.

Los saludé en silencio y seguí mi camino.

Quizás algún día volvamos a encontrarnos.

En la orilla del charco, ya muy tarde
cantan las ranas.
Parecen muy contentas,
parecen darse mensajes y toda clase de
información.
Qué poco necesitan para vivir,
la noche, una charca, algunos insectos y la lluvia,
sobre todo la lluvia que las saca afuera
para esa larga conversación.

Ellos en el parque, sacan teléfonos y computadoras.

Yo tengo mi libreta, tres lápices nuevos y un bolígrafo azul

con el que escribo.

Ellos están escritos aquí, siguen aquí cuando ya es tarde,

el parque está solo y se ven allá arriba algunas estrellas.

Yo fumo en un banco y sé que en esta mochila cabe el mundo.

AYER ME ASALTARON tarde en la noche

cerca del puente.

Al ver lo que traía en el bolso

leyeron los poemas y miraron los dibujos.

Uno de ellos, el más joven, les dijo a los otros,

denle un trago, que se siente con nosotros un

rato.

Luego me dejaron ir con mis cosas.

Todos estábamos contentos

y un poco borrachos.

Pasajes

Las calles, tarde en la noche
parecen ir a algún lado,
un sitio que siempre parece encontrarse
en el sueño.
Yo quiero dejarme ir
sin saber qué hay más allá
allí donde alumbra a lo lejos
la última bombilla.

Hoy quiero llorar

pero no recuerdo cómo hacerlo.

Hay cosas que he podido olvidar.

Otras no.

Entonces me siento en el muro

frente al azul que lo llena todo

y miro.

Un perro me acompañó la mayor parte del
día,
no pidió nada
pero yo compartí con él mi comida.
Al día siguiente me lo encontré de nuevo
ya por la tarde.
Meneó la cola al verme y vino un momento,
luego se fue.
Yo me parezco a ese perro manchado.

HE CONOCIDO a unos cristianos

son gente buena.

Me invitaron a su Casa Pastoral

y estuve algunos días

pero pedí trabajar.

Me dieron el jardín

de tan cuidado casi no hay que hacerle nada.

Me dijeron que podía quedarme si aceptaba

al Señor en mi corazón.

Yo les dije que *gracias*

que si el Señor existe, ¿cuándo hará

de este mundo un lugar mejor?

Porque nosotros, no creo que lo logremos.

EN LAS AFUERAS

Ahora que estoy aquí solo
en el borde de este campo
todo queda detrás,
todo ha desaparecido.
Siento un ruido en mi cabeza,
no es el sonido del silencio,
es el ruido de la ciudad
que permanece.

AYER JUGUÉ un juego

solo para mí.

Encontré unas piedras extrañas

en el borde de una cerca

y me las metí en el bolsillo.

Luego las dejé acomodadas

en el borde de un banco.

Es un signo, una marca.

De la ciudad al monte,

del monte a la ciudad.

ALGUIEN DEJÓ UNA MONEDA abandonada

en un banco,

tiene la imagen de un santo y un nombre.

Me quiero imaginar que la dejaron allí

como pago a los libros que abandono

por falta de espacio,

esta mochila no puede contener al mundo.

Y aunque no crea

me la puse.

ME GUSTA EL SONIDO de las palomas de monte
siempre canta una en medio de toda esta soledad
llena de verde
casi nunca la vemos
pero en ese sonido está todo
lo cercano, sobre todo la lejanía
aquello que, sin saberlo bien, debemos alcanzar
en algún momento.
Ese es el sonido de la esperanza
y es también el sonido de la desolación.

Hoy soy feliz sin ninguna razón

como cuando era niño y tuve aquel

caballo que quise tanto.

Después se murió.

Hoy soy feliz y solo quiero ir al mar.

Si Dios existiera sería como el mar.

Todo lo comprende.

Todo lo cura.

AHORA TENGO dinero

el suficiente para vivir unos días.

Esta mochila es mi casa.

Tengo algunos amigos, y otros, conocidos

y buenas conversaciones, a veces.

Pero hoy me siento solo

en este mundo tan grande.

Cada quién está solo a su manera.

Unos lo saben, otros no.

Yo camino hace años,

busco a los otros,

ellos también a mí

aunque no lo saben.

Quizás algún día.

EL HORMIGUERO

Me gustan las hormigas,

van a lo suyo sin preguntar a nadie,

son muy organizadas y saben lo que hacen todo

el tiempo.

Nosotros queremos lo mismo

por eso nos inventamos la filosofía, las

religiones,

la literatura.

Pero nunca llegaremos.

Demasiado extraños

para vivir en este universo impecable.

Por eso las alimento siempre que puedo,

son muchas y necesitan poco.

Retribuyo lo que la vida hace por mí.

Si la reencarnación existiera

yo desearía

la próxima vez

ser una hormiga.

Quizás sea el único modo de alcanzar la realidad.

Alfredo Pérez Muñoz (Ciudad de la Habana, 1963). Reside en Manzanillo. Poeta, y narrador. Textos suyos han aparecido en publicaciones periódicas y antologías. Tiene publicados, *Plegable Fijeza*, Editorial Orto, 1991 (Manzanillo). *Casa de las Alucinaciones*, BIZ. AHS., 1995. *Plegable Sed del Espejo*. Ediciones Orto, 1997. *Al Sur está la Poesía* (compilación), Ediciones Bayamo, 1997. Libro de poesía *Luz & figuras*, Ediciones Orto, 2007. Poemas en Revista literaria Ventana Sur; Editorial Bayamo, 2010. Ha recibido premios y menciones en concursos provinciales, nacionales y extranjeros tales como: Mención en el género de Poesía "El Amor en estos Tiempos" (1996). Mención de Poesía el "Premio Internacional Nosside Caribe" (2004). Finalista en el Premio internacional de minicuentos "El Dinosaurio" (2004). Mención de Poesía en el Concurso Nacional "Manuel Navarro Luna" (1999). Premio Poesía "Juan Francisco Sariol" (1998, 2002, 2003). Publicación en la Antología de la Poesía Cósmica Cubana (Frente de Afirmación Hispanista), México 2002. Finalista en el Premio de Poesía La Gaceta de Cuba (2007). Mención en el VI

Concurso Internacional de minicuentos El Dinosaurio 2012. Publicación en "Los cohetes no deben despegar" (compilación de poesía visual y experimental en Cuba) 2014. Finalista en II Premio Internacional de microcuentos "El cuentero" 2014: www.librerialapiedralunar.com Está publicado en la compilación de narrativa, "Isla sin dioses", Ediciones Orto 2014. Ha publicado reseñas literarias en la revista digital "Esquife", 2015, y en el periódico cultural La Campana, Bayamo 2016. Una selección de sus poemas aparece en la revista digital La libélula vaga, 2019. Aparece un cuento en la compilación de Cuentos eróticos "Caminos sobre la piel", en la Editora Abril, 2021.

www.ingramcontent.com/pod-product-compliance
Lightning Source LLC
Chambersburg PA
CBHW031415160726
47993CB00003B/1249